JOYAUX
PROVENANT DE LA COLLECTION HABIB

PARIS
JUIN 1909

JOYAUX

FAISANT PARTIE DE LA COLLECTION

HABIB

DONT LA VENTE AURA LIEU A PARIS

HOTEL DES VENTES

SALLES 7 et 8

Le Jeudi 24 Juin 1909
à 3 heures précises

PAR LE MINISTÈRE DE

Me Eugène BAILLY
Commissaire-Priseur
9, Rue Notre-Dame des Victoires
PARIS

M^e^ Ed. APPERT
Commissaire-Priseur
16, Rue de la Grange-Batelière
PARIS

EXPERT :

M. Louis AUCOC, O. ✵, 14, Place Vendôme

Chez lesquels se trouvent des Catalogues

Exposition particulière le Mardi 22 Juin
Exposition publique le Mercredi 23 Juin
de 2 h. à 6 h.

Entrée par la rue de la Grange-Batelière

NOTICE IMPORTANTE

Cette vente sans précédent que fait **M. Habib,** *comprend à la fois des diamants historiques et des diamants de fantaisie.*

Ce qui constitue surtout la rareté de ces pierres, c'est qu'elles réunissent à la fois la dimension, la pureté et la diversité des couleurs, trois facteurs qu'on trouve difficilement dans le même joyau.

Il est, peut-être intéressant de faire connaître que Constantinople est la dernière étape de toutes ces pierres, à l'exception du diamant bleu, dit **" Hope Diamond "**, *et de celui ayant appartenu à la* **Princesse Mathilde.**

CONDITIONS DE LA VENTE

La Vente aura lieu au Comptant, à la charge par les adjudicataires de payer 10 % en sus des enchères.

N° 1

Diamant rosé pesant 6 carats moins 1 16

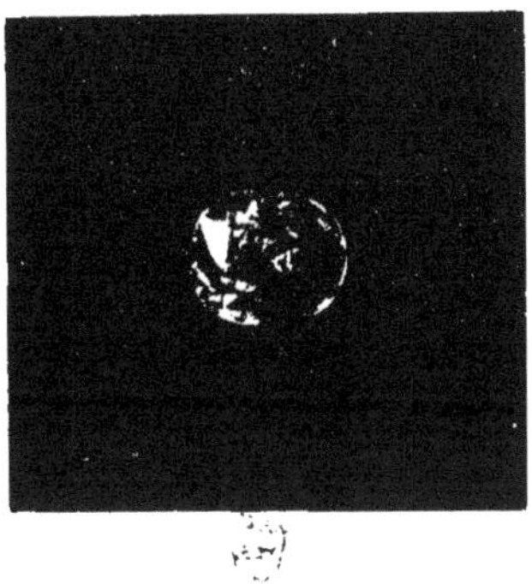

Ce Brillant, d'une eau très limpide, est d'une teinte rose bleue.

N° 2

Diamant blanc bleu pesant 24 carats

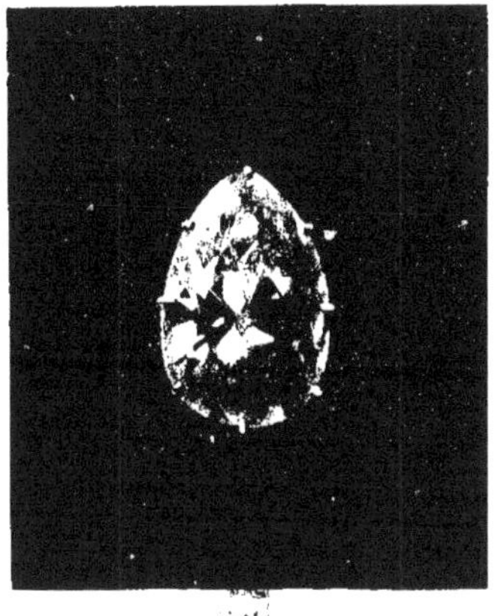

Ce diamant, d'une forme poire bien accusée, est remarquable par sa taille et surtout par sa couleur d'un blanc bleu prononcé.

N° 3

Diamant blanc bleu pesant 23 carats

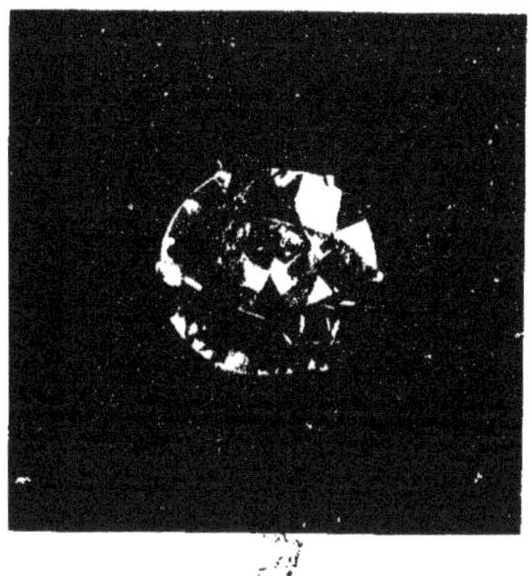

Ce brillant est d'un blanc bleu fort agréable, et a l'avantage de représenter plus que son poids, tout en gardant une belle forme.

Il constituerait une pierre de centre superbe pour une riche parure.

N° 4

Le Diamant de la Princesse Mathilde pesant 16 carats

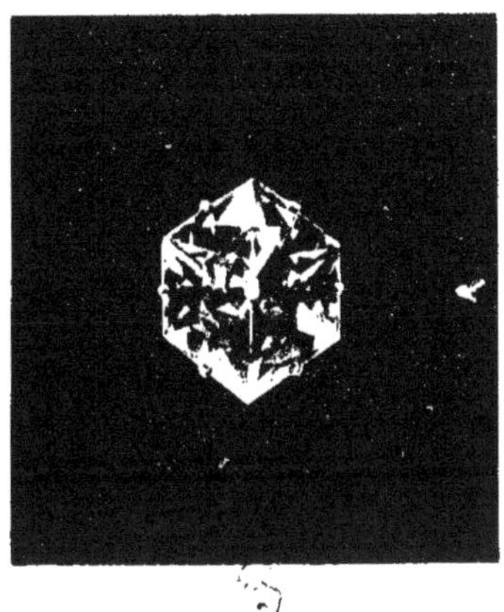

Ce brillant, qui provient de l'écrin de la Princesse Mathilde Bonaparte, est remarquable par sa blancheur, sa pureté et sa taille toute spéciale.

N° 5

Le Diamant aigue marine pesant 70 carats 1 16

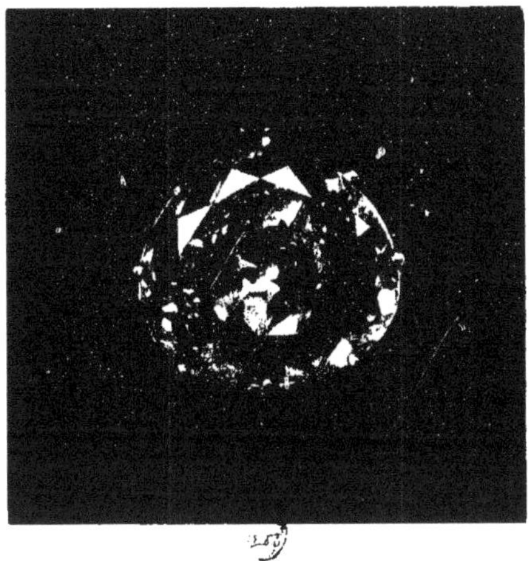

Ce brillant qui, par sa forme, rappelle le " Nossac " appartenant à la Couronne d'Angleterre, est de dimension à peu près équivalente à celle de ce joyau.

Il présente une particularité qu'il convient de signaler, sa couleur qui varie suivant le jour qui l'éclaire, passant d'un léger bleu à une teinte aigue marine, surprend et ravit à la fois, par son originalité, l'œil du connaisseur.

N° 6

Le Diamant rose pesant 31 carats 1 2

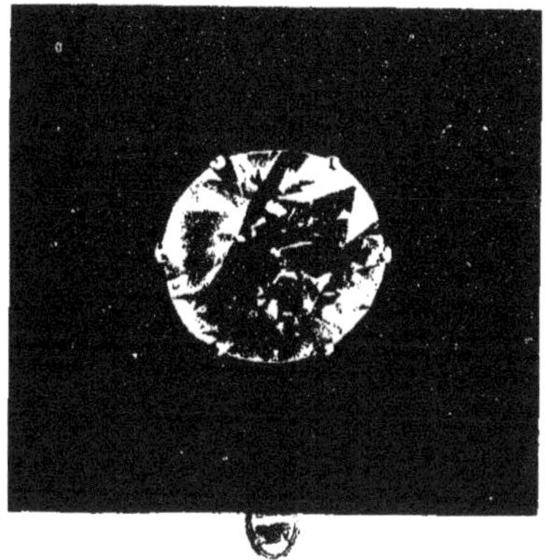

Ce brillant, à raison de sa dimension et de sa couleur nettement accusée, constitue un joyau absolument rare. Sa taille est parfaite. Il rappelle par son jeu celui des " Mazarins ".

Nº 7

Le Mi-Régent pesant 58 carats

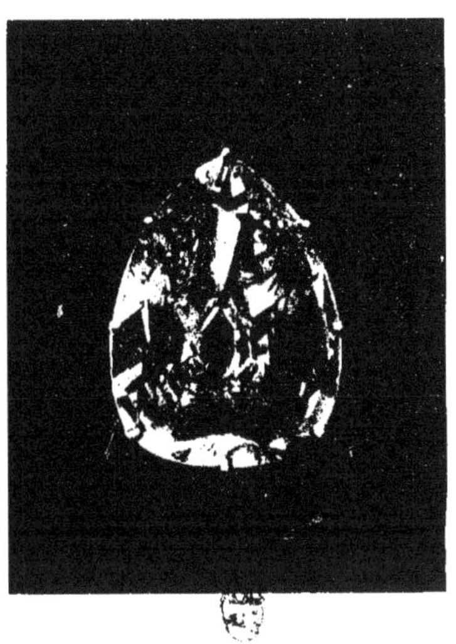

Le Mi-Régent doit son nom à cette particularité frappante qu'il est d'une beauté et d'une pureté égales à celles du Régent de la Couronne de France.

Tout en étant d'une forme différente, il donne l'impression d'un brillant de même grandeur que ce joyau si universellement admiré.

La vivacité de son jeu, due à l'excellence de sa taille, en fait une pierre tout à fait hors de pair.

N° 8

Le Diamant bleu, connu sous le nom de " Hope Diamond " pesant 44 carats 1 2 faible

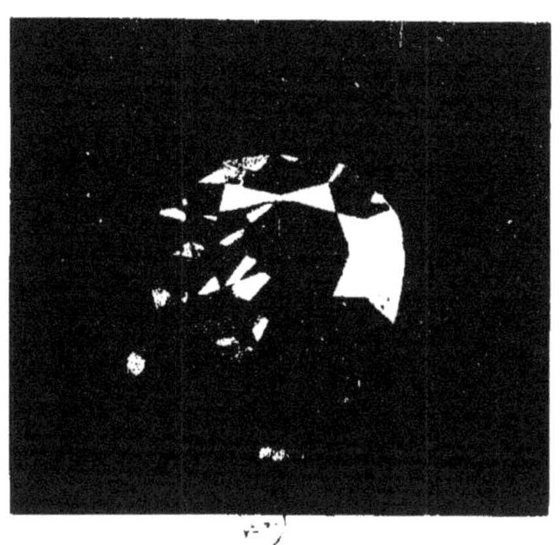

Ce brillant, d'une valeur inappréciable au point de vue minéralogique, présente cette particularité unique au monde de posséder l'aspect, la couleur et le reflet d'un très beau saphir, tout en étant d'une pureté infinie. Il a fait partie de la célèbre collection de M. Hope, et à la mort de ce dernier, il fut vendu aux enchères sous le nom de " Hope Diamond " et devint la propriété d'un négociant américain qui le céda à M. Habib en 1908.

www.ingramcontent.com/pod-product-compliance
Ingram Content Group UK Ltd.
Pitfield, Milton Keynes, MK11 3LW, UK
UKHW020515180726
13839UKWH00005B/2097